_____ 님께

이 인연을
소중히 간직하겠습니다.
날마다 좋은 날, 만남마다
좋은 인연 되시기를 기원하면서

202 년   월   일

저자 도경원 드림.

등불 앞에서

도경원 제3 시집

시인의 말

세 번째 시집을 내며

아직 이른 새벽인데 집 근처 산에서
이름 모를 새들의 노래가 들린다
숲이 살아 있음을 알리는 소리에
더 맑고 밝은 아침을 맞는다

해가 지고 밤이면 풀벌레 울음소리
귓가에 메아리처럼 들릴 것이다
별빛 같은 고운 꿈을 꾸면서
다시 편안한 밤의 품에서 잠들겠지

과분하게도 세 번째 시집을 내면서
나는 누구에게 아침을 열어주는
새소리라도 될 수 있을까?
편안한 밤을 맞게 하는
풀벌레 울음소리라도 될까?

오늘도 간절함으로 손을 모은다

2025년 7월

03_ 시인의 말

차례

1부 행복

12_ 설해목雪害木
13_ 경칩에 내리는 눈
14_ 세월 끝에서
15_ 걸림돌
16_ 가을 단상
17_ 자신을 돌아보며
18_ 가을의 곁
19_ 삶
20_ 행복
21_ 달맞이꽃
22_ 불면의 밤
23_ 고속 열차를 타고
24_ 기다리던 봄
25_ 미세먼지
26_ 산수유나무
27_ 위로
28_ 침을 맞으며
29_ 등불 앞에서

2부 봄비

32_ 봄비
33_ 상사화에게
34_ 계절의 전령사
35_ 4월에 내리는 눈
36_ 돌아가는 길목
38_ 사진 전시회
39_ 벼랑 위의 꽃
40_ 지새우는 밤
41_ 설날 풍경
42_ 봄비 오는 날 -편지 문학관
43_ 통일 전망대
44_ 라일락 그늘
45_ 이슬의 꿈
46_ 조팝나무숲
48_ 흰뺨검둥오리
50_ 벚나무숲
51_ 어느 날의 꿈

3부 꽃길

54_ 비 오는 아침
56_ 감꽃이 필 때
57_ 희망의 아침
58_ 모란을 보며
59_ 겨울 억새 −중랑천에서
60_ 길을 가면서
61_ 달맞이꽃 2
62_ 곁에 없는 사람
63_ 조화
64_ 잠을 설친 아침
65_ 꽃길
66_ 병문안
67_ 기적
68_ 자정 무렵
69_ 모란이 머물던 자리
70_ 어떤 약속
71_ 은행나무의 독백

4부 연꽃

74_ 바퀴 위의 삶
75_ 검은등뻐꾸기
76_ 방학동 은행나무
78_ 대숲에 내리는 눈
79_ 비 오는 아침
80_ 꽃상여
81_ 연꽃
82_ 벚꽃 진 자리
83_ 길 위에서
84_ 만남을 앞에 두고
85_ 인연 그리고 운명
86_ 강 건너 찔레꽃
87_ 사전답사
88_ 달에게
89_ 길을 가면서
90_ 하룻밤의 꿈
91_ 가던 길
92_ 종강식

5부 여정旅程

96_ 빈집 감나무
97_ 금계국
98_ 수레국화
99_ 수행 중
100_ 여정旅程
101_ 운명
102_ 장미꽃의 일생
103_ 그때 알았으면 달랐을까
104_ 강가에 서서
105_ 삶의 질곡
106_ 하루를 보내며
107_ 눈썹달
108_ 갯바위
109_ 그해 가을은
110_ 근시
111_ 새벽달
112_ 나팔꽃
113_ 내면의 거울

6부 선물

116_ 나무 지팡이
117_ 선물
118_ 말을 말리며
119_ 전철을 타고
120_ 지금은 여행 중
121_ 밤에 피는 꽃
122_ 묵언 정진
123_ 보리에게
124_ 엉겅퀴꽃
125_ 삶의 길
126_ 고향의 메아리
128_ 촛불을 켜며
129_ 누님을 만나던 날
130_ 길 떠나는 누님에게
131_ 도봉천이 얼던 날
132_ 산불
134_ 노원 실버카페
136_ 별을 생각하며 -고 윤철환 선생님 영전에

139_ 나의 인생 나의 문학

1부

행복

설해목 雪害木

뿌리까지 흔들어대는 긴 날의
사나운 폭풍도 견뎌 냈다
마른하늘 귀를 찢는 천둥 번개도
지지 않고 흔들림 없이 살았다

바람도 천둥도 없는 날
소리 없이 내려 쌓이는 흰 눈이
보기 좋아 무심히 받아 안았다가
그 무게에 짓눌려 생을 버린다

보이지도 들리지도 않는
세월 따라 흘러온 여정에
남는 것 하나 없이 꺾여 버린다
여기까지가 끝이었다 흔적까지도

삶이란 모두가 그런 것이다
오만하지 말고 으스대지 말자
욕심부려 갖출 것 다 갖추어도
세월 뒤에 남는 것 하나 없으니

경칩에 내리는 눈

아직은 가리고 덮어야 할 곳이
세상 가득 남아있는 지도 몰라
그냥 떠나가기에는 미련들이
발길을 붙잡는 까닭이었을까

꽃나무 줄기마다 꽃망울
터뜨릴 준비로 분주하고
나뭇가지마다 물 올리는 소리
빗소리처럼 들릴 듯한 날이다

무슨 심술로 하늘 가득 쏟아져 내려
온 세상 하얀 이불을 덮었을까
오래전 그날에도 하얀 이불을 봤었지
다시는 못 올 길을 가는 이가 덮었던

겨우내 움츠렸던 몸 기지개로 나오다가
개구리는 뒷걸음질 칠 수 있을까
얼어붙은 땅 열어젖히려던 새싹들
작은 생명을 그대로 간직했으면 좋겠네

세월 끝에서

고맙다 세월아
무엇 하나 반듯하게 해 놓은 것 없이
네 등에 업혀 이날 여기까지 왔구나
네가 아니었으면 어디서
무엇을 하며 살아왔을까

아팠던 시간을 다 보내고
좋았던 시간도 제쳐 두고
여기까지 데려와 주었네
더 많은 세월이 흘러간 뒤에
누군가 기억해 주는 사람
하나쯤 있으면 더 좋고
그렇지 않으면 뭐 어떠랴

첫눈 내리는 것을
일흔다섯 번을 보았고
해 바뀌었다고
새 달력을 걸어본 것도
더도 덜도 없이 그만큼이라
더는 가지 못한들 어떠리
날마다 처음 맞이하는 날인데

걸림돌

내과 의원에서
혈액 속에
당분이 많다고
많이 걸어라 하네

외과 의원에서
무릎 관절에
염증이 있다고
걷지 말라고 하네

삶의 질곡
어느 장단에 맞춰
걸어야 하나
멈춰야 하나

가을 단상

쓸쓸함으로 칠하지 말자
일방통행 삶의 길목에서
오늘도 스쳐 지나가는
하루 분량의 삶

가을로 접어드는 마음
숲에는 풀벌레 소리로도
넉넉히 외로울 터인 걸
굳이 끼어들어 무엇하리

높아진 파란 하늘에
구름은 어디를 향해 가는지
동행하는 낮달 하나가
어둠처럼 외로워

차라리 밤이었으면 좋으리
머잖아 겨울이 오면
또 얼마나 작아져
움츠려 살아갈는지

자신을 돌아보며

별스럽게 튼튼하지는 않지만
그래도 부모님께 물려받은
소중한 두 다리가 있어 고맙다
이제는 닳고 닳아서 힘겨워도

가고 싶은 곳 어디에나
불평 없이 데려다주었지
한평생 걸었던 길이 지구를
몇 바퀴는 돌지 않았을까

필요한 것들을 한가득 챙겨주고
스스로를 보듬어준 가녀린 두 팔
그도 한없이 고맙기만 하네
좋은 것은 살뜰히 챙겨주고
싫은 것은 거침없이 밀어내어
보살피며 가꾸어 주었지

발끝에서 머리끝까지 어느 곳
어디 하나 소중하지 않은 것
필요하지 않은 곳이 없어
스스로에 감사하며 살았네
함께 가는 인생이 참 고맙네
부대끼고 절뚝이며 가도 좋으리

가을의 곁

한낮 뜨겁던 열기가 식어
한밤 서늘함이 드리우면
과실은 제철 만나
탐스럽게 익어 가겠지

문득 돌아보니 할 일 없이
세월만 보낸 것 같아
그 곁에서 함께 익히고
곱게 물들어 가면 좋겠네

선뜻 곁에 와있는 가을
그 여름의 열기를 벌써
까맣게 잊고 있었어
꿈결처럼 스쳐 지나간 날들

지쳐서 늘어질 듯한
여름의 끝자락에 누가
이리도 싱그럽고 향기로운
가을을 가져다 두었나

삶

흔들리지 않는
삶이 있던가
편함만 어디 있었던가

그곳은 언제나
태풍이 부는 날
외줄 타기 같은 것

부는 바람이라도
잦아들었으면,
오늘도 격랑 속이다

행복

몸에 향수를 뿌리는 것은
스스로 향기에 취하기보다
다른 이의 기분을
좋게 하기 위함 아닌가

세상 사람 모두가
언행을 그런 마음으로 하면
우리 사는 곳은 더 아름답고
행복해질 것이다

삶의 길을 걸어오면서
다른 이들을 얼마나
배려하면서 살았을까
낮게 더 낮게 비우며 살자

바람처럼 지나갈 삶인 걸
바위인 양 버티려 하지 말고
꽃잎처럼 떨어져 내리자
미련 같은 것 남기지 말고

달맞이꽃

밤중에 들길에
나가보지 않은 사람이면
밤에 피는 달맞이꽃의
아름다움을 말하지 말라

비가 오는 날에도
달이 없어도 환하게
웃고 피는 꽃의 마음을
누가 알 수 있을까

잠 안 자고 들락이며
꽃가루를 퍼 나르는
밤벌레의 사랑을 알겠나
계절이 지나도 피는 꽃을

불면의 밤

지난밤에 꿈속에서
그림자로 다녀간 사람아
그대도 그 밤을 하얗게
꿈으로 지새웠는가
그 꿈에는 누가 다녀갔을까

밤은 또다시 찾아오건만
약속된 꿈이란 있을 수 없고
그대 온다는 기약도 없으니
누구를 기다려 밤을 밝힐까
마음은 어디를 떠돌게 될까

잃어버린 숙면 속에서는
몇 채의 기와집을 지었다 헐고
또 지으며 뒤척여 밤을 새우나
바람은 문풍지를 흔들어대고
소쩍새 울음소리 들려오는데

고속 열차를 타고

천 리가 넘는다는
멀고도 먼 길
한나절도 안 되는
짧은 시간에 와버렸네

살아온 세월도
그렇게 빨리 왔을까
쉬엄쉬엄 가도 언젠가
닿고야 말 인생길인 걸

가까이 있는 것은
볼 사이도 없고
멀리에 있는 것도
겨우 보이다 사라지네

기다리던 봄

오는 듯 가버릴 봄인 것을
알면서도 그 긴 겨울 동안
목을 늘어뜨리고 기다렸네
별리의 아픔은 생각도 없이

그래도 후회스럽지 않은 것은
코끝을 간질이는 꽃향기
눈길 사로잡는 화사함이라
어디에서 누릴 수 있는 호강인가

한 시절 속아서 살아도 좋았네
짧아도 긴 여운 남기고 가버린
첫사랑처럼 가슴에 가득 남아있어
따스한 바람 품속으로 파고드는데

멈춤 없이 세월 따라 걸어가면
어디쯤에서 우연 아니면 필연으로
꿈속에서처럼 다시 만나리
그날까지 멈춤 없이 갈 수 있다면

미세먼지

살포시 겨울을 열어젖히고
봄이 고운 모습을 내보이는
한낮인데 무슨 안개가 낀 듯
부옇게 흐려진 날씨에다
뻑뻑해지는 눈에 터져 나오는
재채기로 사람들을 힘들게 하네

이것이 모두 인간이 만들어낸
재앙이라고 쉽게 말하지만
없으면 더 좋은
봄날의 고난인 것을 어찌하나
지금의 이 삶은 또 후세에
어떤 결과를 남겨 고통을 줄까

비라도 흡족히 내려 이 고통
말갛게 씻어 갔으면 좋으련만
언제 어디쯤인들 어떠랴
파란 하늘에 흰 구름 몇 점
한가로이 떠가는 날이 온다면
오늘 조금 불편해도 고쳐야 하리

산수유나무

기나긴 기다림 끝에 찾아온 계절
남 먼저 봄을 맞으러 나섰던 마음
겨우내 가슴속에 감춰 두었던
샛노란 그리움을 매달아 놓았네

때아닌 눈보라에도 떨구지 말자
빨갛게 매달릴 가을의 꿈은
오는 듯 가버릴 봄날이지만
한사코 부여잡고 피워내는 꽃들

굳은 맹세 가슴 가득 담아두고
소리 없이 져버릴 꽃잎 뒤에
남겨진 앙증맞은 열매가 위안이 될까
"영원불멸의 사랑" 꽃말을 잊지 말자

오늘도 바람 부는 언덕에 올라
흔들림으로 불러 보는 그리운 노래
누구의 가슴에서 메아리 될까
흔들림이 멈추어 새봄을 맞았으면

위로

괜찮겠지
괜찮겠지
설마 괜찮겠지

믿었다가 우리
얼마나 많이 절망하고
얼마나 깊이 상처 입고
눈물까지 흘렸던가

그래도 차마 못 버리고
믿어 봐야 할
괜찮겠지 괜찮겠지
설마 괜찮겠지

다시 거기에 속아서
한숨 쉬고
상처 입고
눈물 속 비틀거리는 삶

운명처럼 안고 가야 할
괜찮겠지 괜찮겠지
설마 괜찮을 거야

침을 맞으며

아픔을 덜어내 보려고
바늘로 찌르는 고통까지도
참아야 하는 시련을
일부러 청해서 누워있다

가시 하나만 박혀도
못 견뎌 뽑아내려고 애쓰면서
수많은 바늘을 원해서 꽂아두고
괜찮은 척 잠자코 참는다

몸속에 흐르는 혈은
어디서 막히고 멈춰서
이토록 고통을 겪어야 하는가
오래 가지나 말았으면

사람들 붐비는 걸 보면
아픈 사람도 많은 것이니 혼자만
아픈 척 움츠러들 일도 아닌 걸
사는 것이 아프다 나았다 아니던가

등불 앞에서

삶의 여정, 여기까지 오는 동안에
등불이 되어준 이들을 생각한다
어둠 속에 갇혀서 헤맬 때마다
빛이 되어 길 찾게 해주던 이들
고마움을 잊고 살지는 않았을까

누군가에게 돌려주어야 할 때인데
어둠 속에서 길 잃지 않게 하는
가느다란 불빛 한올 간직한다면
어두운 밤길 엷게 비출 수 있는
길가에 서 있는 작은 등불이고 싶다

화려하지 않고 휘황하지 않더라도
암흑 속 오가는 이들 길을 비춰주자
비 오면 비를 맞고 눈이 오면 눈을 맞고
바람 불면 함께 흔들리며 서 있자
갈 길을 더듬을 수 있는 지팡이라도 되자

2부

봄비

봄비

이른 아침 비가 내린다
앙증맞게 돋아나는 새싹 위에도
향기 가득 피워내는 꽃 숲에도
저만치 홀로 핀 작은 꽃에도
시꺼멓게 타버린 산야에까지
고운 비가 하늘 가득 내려온다

함께 타버린 사람들의 가슴에도
단비가 되어 내렸으면 좋겠네
모질게 살아남은 생명 있어서
다시 새싹으로 돋아나면 좋겠네
가슴도 숲도 녹색으로 채워졌으면
애끓던 마음 위안이라도 되었으면

봄꽃은 흐드러지게 피어나는데
숯덩이가 되어버린 가슴에
새싹 같은 희망을 담아 키웠으면
작은 꽃 한 송이 피어나서
예쁜 미소 한가득 보여주면 좋겠네
꽃향기 하늘까지 퍼져가면 좋겠네

상사화에게

멋스러운 모습 고고한 자태
예쁜 꽃피워 들고 서있는 것이
자랑스러워 우쭐대지는 말았으면
줄기로 살아온 어미의 기구한 생
슬픈 사연을 모르는 것은 아닐까
바람에 띄우는 상큼한 향기여

기억하라 상사화 고운 꽃이여
꽃대로 서있는 그곳이
그대를 위해 여름날 땡볕 아래서
메말라 스러져야 하는 희생마저
모성애로 달게 받은 이파리
흔들리다 말라죽은 자리인 것을

이제 가을이 와서는 가버리고
겨울마저 머물다 떠나고 나면
앙증맞은 새싹으로 돋아나서
너를 위해 몸부림 속 보내는 날들
메말라버린 이파리 위에
너는 그리움으로 다시 서려니

계절의 전령사

겨울이 자리를 떠나고 나면
동네의 봄소식을 안고 올라가
산등성이마다 꽃을 피우고
새싹을 틔워 이파리로 키웠지

한여름 불볕이 쏟아져 내려
더위에 지쳐 가쁜 숨 쉴 때
선들바람 한가득 데리고 와서
땀에 저린 몸을 식혀도 주었지

세월은 그 계절도 데려가 버리고
산마루에서 찬 이슬 맺혀 빛나면
달려와서 동네마다 가을을 전하고
고운 단풍 한 아름을 걸어 두었지

삭풍이 나뭇가지 흔들어 대고
골짜기에도 흰 눈이 쌓이면
겨울새는 넝쿨 속으로 숨어드는데
언제쯤 새봄 소식을 갖고 오려나

4월에 내리는 눈

몇 번의 첫눈을 보았던가
첫서리가 내리는 것을
또 몇 번이나 보아 왔던가

머리 위에도 흰 눈이 쌓였는데
오늘은 또 어떤 모습으로
추억의 보따리 속에 담겨
풀어볼 때마다 미소 지을까
두 눈에 더운 비로 내릴까

일찍 피어난 꽃잎 지는 소리
피는 꽃망울 열리는 소리 가득한데
눈보라가 몰아치는 사월의 밤에
옛이야기 듣던 어린 시절 그립다

아침이 오면 모두 떠나가야 할
애처로운 이별의 아픔이
꽃망울 열린 가지마다 매달려
그리움에 눈물짓는 여린 눈동자들

돌아가는 길목

꽃이 피어나고 새들이 울면
꿀을 찾는 벌들의 행진
고왔던 나비의 춤사위 속에
봄날 같은 겨울도 있었지

고개도 못 들게 눈보라 치고
가슴까지 에일듯한 추위가
온몸을 휩싸고 흔들어 대던
동토 같은 여름날도 있었지

영화처럼 지나가 버린 날들
어둠이 걷히고 밝아졌으니
이제는 처음 왔던 곳으로
돌아가야 할 때가 되었는가

꽃잎처럼 떨어져
바람처럼 어디도 걸림 없이
훌훌 벗어던지고 떠나가야지
가져갈 것이 뭐가 있으랴

지고 왔던 걸망을 다 비우고

좋았던 기억만을 추려 담아
누구 손이라도 흔들어 주면
더 가벼이 갈 수 있겠지

사진 전시회

하늘, 땅 나무에서 풀까지
얼마나 많은 발자국을 남겼으면
이것들을 한자리에 모아 두었을까
발길을 붙잡아서 머무르게 할까

구경하는 사람들이야 아!
감탄사 한두 번으로 그만이지만
밤중에, 새벽에 눈비 내려도
열정 가득 담은 배낭을 지고
대문 열고 길을 나서는 사람들

가슴속에는 스친 순간을 붙잡고
머무르기 바라는 이들의 소망
간절함 들어주려는 마음으로
풍경을 한가득 렌즈에 담았겠지

어떤 글자를 맞추어 놓으면
한 편의 시도 저런 풍경 만들까
보는 이들 마음 마음에
편안함 가득히 안겨줄 수 있을까

벼랑 위의 꽃

높다란 벼랑 위에
꽃 한 송이 피어있네

멀리까지 번지는 향기
발길 붙잡는 자태

가까이 다가서면
눈부셔 보이지 않고

저만치서만 보이는 꽃
눈 시린 그리움 거기에

지새우는 밤

멀리서부터 다가오는
개 짖는 소리
임이 찾아오는 소리

조금씩 멀어져 가는
개 짖는 소리
임이 떠나가는 소리

거친 삶의 질곡에서
바람처럼 오가는 인연
새벽이 곁에 와있네

설날 풍경

눈에 넣어도 아프지 않을 것 같은
품에도 다 차지 않던 예쁜 아기가
어느새 믿음직한 소녀 소년이 되어
설날이라고 할아버지를 찾아왔네
반가움에 손을 잡고 꼭 안아도 보네

차례상 앞에서 함께 절을 하면서
조상님을 생각하며 감사도 하고
음식도 나누어 먹으며 즐겁던 시간,
세배도 받고 세뱃돈도 쥐어주네
지난 이야기 새해의 희망도 들어 보네

거기에도 헤어질 시간은 찾아와
대문 밖에 서서 역을 향해 걸어가는
뒷모습을 보네 돌아설 수 없는 정,
멀어지는 아이들 향해 손을 흔드네
더 가까워지는 애틋한 마음

다시 설날이 오면 또 이렇게 서 있을까
가면서 자꾸 돌아보며 손짓하는 아이들
할아버지 마음이 따라가듯 아이들도
마음을 여기에 두고 몸만 가는가
몇 번이나 더 만남과 헤어짐이 남았을까

봄비 오는 날
−편지 문학관

겨울 잔해를 씻어낸 물이
길가에 도랑을 만들어 흐른다

얼마나 산뜻한 봄이
곁에 와서 머물게 될까

마음이 바쁜 나뭇가지는
앙증맞은 새싹을 틔우네

풋풋한 바람은 머지 않아
연초록 세상을 펼쳐 보이겠지

어디쯤에서 머물면
봄처럼 싱그러운 삶이 될까

통일 전망대

녹슨 철조망 위에 비가 내린다
이쪽저쪽이 다르지 않게 젖는데
어찌하여 사람들 생각이 다르고
말도 행동도 달라 소통이 안 되는가

형체 없는 바람 걸림 없이 오가는데
형체 없는 사랑, 정은, 뭐가 달라서
서로 오가지 못하고 애만 태우나

바닷물은 한 모양 한 색깔로 어우러져
한목소리, 몸짓으로 노래하고 춤추는데
붉은 깃발 흔들면서 핏대를 세우는가

언제쯤 새봄이 와서 자유의 새싹 돋고
꽃바람 불어 평등 평화를 누려볼까
비바람, 물처럼 달려가 행복을 전해볼까

라일락 그늘

덜 익은 봄의 길목에서
라일락 숲에 앉아 시를 읽는다
꽃은 피어서 흐드러져도
향기는 어디로 날려 보내고
시의 내음이 묻어나네

수수꽃다리 예쁜 이름 두고
서양 나들이 다녀오더니
새 이름을 얻어왔구나
너 하나로 동네에 향기가 가득한데
숲에 들어도 왜 향기가 없을까

오월의 태양 아래 피었더라면
멀리서도 알아볼 꽃이었는네
어쩌자고 사월 초입에 피어
진한 향기마저 챙기지 못하는가

누구를 탓하랴 멀리 걸어온 길
돌아보니 반듯한 발자국도
향기도 없이 여기까지 왔는데
훗날 누가 기억이나 하려는가
오늘도 익으려고 몸짓을 하는구나

이슬의 꿈

에일 듯 추위가 휩싸는 날에
따스한 햇살로 다가갈 수 있다면
떠올랐다 져버리는 하루라도 좋겠네

그 여름 무더위로 지쳐있을 때
시원함으로 가슴까지 닿을 수 있는
순간처럼 지나가는 짧은 인연
산들바람이라면 뭐 어떠랴

한밤에 등불 없이 길을 가다가
문득 올려다보는 하늘에
서쪽 나라 찾아가다
산마루에 걸려있는 조각달
그 곁을 지켜주는 별의 무리

그마저도 머물지 못해
별똥별로 스쳐 가는 운명
어디서 무엇으로 지낸들 어떠랴
남겨지는 흔적 하나 없어도
잠시 머물렀던 그걸로 행복인 것을
그냥 이슬처럼 맺혔다 지는

조팝나무숲

뾰족이 나온 이파리들
이불을 덮듯 모두 덮어버리고
조팝나무 하얀 꽃
무리 지어 한가득 피었네

오래전 어느 유명한 문인은
달밤에 하얗게 핀 메밀꽃 보고
소금을 뿌려 놓은 것 같다고
절묘한 표현을 하였지

숲을 이룬 조팝나무 꽃은
함박눈 내려 쌓였을까
배고프던 시절 간절했던 흰쌀밥이네

머잖아 이파리가 커지고
꽃잎이 떨어져 내리면
철없이 보내버린 유년처럼
다시 그리움으로 남겨지겠지

가지 사이 포롱이며 나는 멧새들

추억을 물고 와서 지저귀는데
속절없이 멀어져 가는 세월 속에
오늘마저 그리워지는 때가 오겠지

흰뺨검둥오리

도봉천 변 풀숲에서 태어난
흰뺨검둥오리 새끼 아홉 마리
앞서거니 뒤서거니 올망졸망
어미를 따라 놀러 나왔네

세상에 나온 지가 얼마인지
갓 태어난 병아리 모양 작아도
물 위를 미끄러지는 수영 솜씨는
카메라가 못 따라가게 재빨라
보는 이들 모두 탄복하네

어미의 뱃속에서 배운 솜씰까
물이 흐르듯 흐르는 세월 속에
날이 갈수록 눈에 띄게 커가는 몸짓
도봉천이 가득 찬 듯 보이네

계절 따라왔다가 돌아가는 본성을
잊은 듯 떠날 생각을 않고
텃새가 되어 머물고 있네
땅에서도 물에서도 하늘에까지
존재의 가치를 키우고 있어

오늘도 비틀거리는 인생은
삶의 의미를 못 찾고 헤매는데

벚나무숲

눈길 두어야 할 곳을 모르도록
화려하게 피었던 꽃 다 어디 가고
푸르른 이파리만 숲을 이루어
바람에 흔들리며 속삭이는가

이 바람이 꽃잎을 몰고 갔을까
세월의 흔적 바람처럼 지나간 날들
꽃 진 자리에는 앙증맞은 열매라도 달리지
져버린 삶의 굽이에 무슨 열매가 달릴까

뚝 아래 강물은 멈춤 없이 흘러가지만
가는 길의 목적지도 끝도 모르고
쉴 자리, 멈출 자리도 모르는데
오늘도 외줄 타기 싫 돌풍이 분다

스치는 인연의 가슴
행복으로 젖었으면 좋겠네

이파리마저 떨어져 가버리면
앙상한 가지로 남아 흔들려도
곱디고운 단풍으로 물드는 끝이 오려니
같이 물들 수 있게 몸을 낮추어 볼까

어느 날의 꿈

밤새도록 어딘가를 헤매다 돌아와
그 밤을 되짚어 보기도 하고
끝내 돌아오지 못하는 날도 있다
거친 숨 몰아쉬며 허덕이는 삶

지나간 시간을 모두 잊기도 하고
또렷한 기억속에 미소가 피기도 하고
젖은 눈으로 울먹이기도 하면서
아쉬움 한가득 채워지기도 한다

어둠도 모르고 빛도 잊은 채로
다시는 같은 꿈을 꾸지 못하는데
아련함만 남기고 떠난 밤이여
오늘도 어김없이 찾아왔구나

이 밤은 또 무엇으로 채워지려나
가슴속에 젖어있는 고향도 좋고
언젠가는 가야 할 그곳이라도 좋으리
꽃무리 피었다가 지는 봄날에

3부

꽃길

비 오는 아침

비에 젖은 봄 아침
지저귀던 새소리 들리지 않고
피었던 꽃잎에 눈물 매달고
늘어뜨린 어깨로 고개 숙였다
이파리들도 덩달아 흠뻑 젖는다

시꺼먼 구름 뒤에서 태양은
웃고 있을까 울고 있을까
아이야 지금을 기억하면서
밝아질 때를 기다려보자
세상에 어떠한 것이라도
영원히 머무는 것은 없으니

이만큼 시간이 지나고 나면
또 다른 꽃이 환하게 웃고
날아오른 새들 노랫소리 들려오겠지
일찍 피던 꽃이 져버린 자리
늦게 피는 꽃이 더 짙은 빛깔
더 진하게 묻어나는 향기로
새날 가득히 채워 넣으리

잠자던 바람이 기지개를 켜면
구름 장막을 걷어내 버리고
해맑은 해님을 걸어두겠지
그런 날은 마음 맞는 친구를 만나
새파란 들길을 걸어 보아야지

감꽃이 필 때

등 따가운 햇볕이 쏟아져 내릴 때면
감나무에는 무성해진 이파리 사이로
가지마다 사각모 쓴 감꽃들
쪼끄만 열매 위에 매달려 피어났지

뻐꾸기 피 울음으로 울어대면
꽃들은 속절없이 떨어져 내리고
남겨진 열매들은 초록을 덧대어가며
오가는 세월을 보듬어 안고 커갔지

떨어진 꽃들, 마당에 하얗게 멍석을 깔면
아이는 주워다가 실에 꿰어
목걸이를 만들어 걸기도 하고
빗물에 휩쓸려 떠내려가기도 하지

지금은 아득히 먼 세월 저쪽의 추억
오늘도 뻐꾸기는 울고, 감꽃은 피었는데
꽃목걸이 만들던 아이는 없고
감꽃보다 하얗게 바랜 머리카락
주름진 얼굴 위로 감꽃이 지듯 떨어지네

희망의 아침

어둠이 자리를 떠나버린 뒤
눈을 뜨면 온 세상이 안겨 와
오늘도 또 하루를 맞이하네
아무도 살아보지 않았던 날

세월이 더 많이 흘러간 뒤에
그리움으로 남겨질 수 있도록
진실의 씨앗 하나 심어두자
싹을 틔워 큰 나무로 자라게

이룰 수 없는 꿈인들 어떠랴
그 꿈속에 희망을 가득 담아서
다시 밤이 온다면 별로 매달자
어둠 속 길 찾는 이가 볼 수 있게

새날 새 아침을 만난다는 건 지금
누릴 수 있는 얼마나 큰 축복인가
어찌 꽃 피는 날들만 있으랴
꽃잎 져버려도 남는 열매가 되자

모란을 보며

골목길을 지나는데 담장 너머로
달덩이처럼 밝고 고운 얼굴이
환하게 웃으며 반갑게 맞아주네
가던 길 멈춰 서서 넋 놓고 바라보네

어제나 그저께쯤 왔으면 더 좋았을걸
곁에는 이미 져버린 꽃잎의 자리 또렷해
아쉬움 아프게 남아 바람에 흔들리네
어디나 시간은 가지 미처 못 따라갈 뿐

해가 바뀌고 다시 이맘때가 되면
거기 모란은 또 빛나게 피어 반겨줄까?
그때도 이 길을 이렇게 걸을 수 있을까
오늘처럼 꽃 같은 마음 간직할 수 있을까

세월 앞에서 아무것도 남겨지는 것 없고
그 세월 앞에서 새롭지 않은 것도 없어
가고 오는 것도 부질없는 욕심이려니
마음 붙잡고 나부끼지 않으려는 몸부림

겨울 억새
－중랑천에서

으스스 찬 바람 불던 날
차가움 가득한 가슴 안고
얼음 덮힌 강가로 나가 보네
누군가 떨고 있지 않을까

강둑에 억새꽃 하나 피어있네
무리들 다 꺾여 사라졌는데
회양목 가지에 몸을 기댄 채
홀로 찬바람 안고 버티네

남아있는 날이 얼마나 될까
머잖아 줄기마저 꺾이게 될
쓰라린 운명 앞에 두고
멍하니 강물을 내려다보네

하루도 겨우 살다 가기도 하고
하세월 유유자적 노닐기도 하는
거스를 수 없는 운명 앞에서
초연할 수 있는 삶을 위하여

길을 가면서

누군가의 뒤를 따라
길을 걷다
그의 갈지자걸음으로
길이 막혀도 화내거나
짜증을 내지 말 일이다

그는 뒤를 보지
못하는 까닭이다

그러나 길을 갈 때는
비틀거리지 말고
똑바로 걸어갈 일이다

누군가 뒤에서
따라오는 이가 있어
앞길 가로막을 수도
있는 까닭이다

달맞이꽃 2

이슬비 내리는 밤
몰랐을까 가려질 달을
밤새도록 몸을 떨면서
하늘에 모아두는 시선

차마 외면 못하고
울며 서있는 달맞이꽃
꽃잎 가득 적신 것은
눈물일까 빗물일까

날이 새고 아침이 오면
꽃잎 접고 고개 숙여 다소곳
낮달이라도 기다려보렴
밤이면 새달 보일지 몰라

오늘도 달맞이꽃은
벌판 가득 피는데
내리던 비는 멎지 않고
애타는 꽃잎만 젖어든다

곁에 없는 사람

순간순간 생각나서
아프고
순간순간 잊고 살아
미안한 사람

머릿속에 머물다가
가슴으로 내려와
에이는 이름
세월도 지우지 못해

오늘도 하늘 저 멀리
구름으로 떠가고
발길에 차이는 돌멩이로
눈가에 젖는 그리움

조화

흰 바탕에 까만 흔적 남기거나
까만 바탕에 흰 흔적을 남기면
어떤 모습으로 보일까
조화롭게 아니면 부조화스럽게

색깔의 문제보다는 얼마나
정성을 들였는지에 따라
느낌도 사뭇 달라져
예술작품처럼 보일 수도 있고
낙서처럼 보이기도 하겠지

삶의 모습도 그와 같아
진심 담는 정도에 따라
행복일 수도 불행일 수도
아무것도 아닐 수도 있고
소중할 수도 있는 것이지

어떤 바탕에 무엇을 그리며
지금 여기까지 살아왔는가
진심을 다하지 못했다면
그냥 희거나 까만 바탕 그대로
남겨두기라도 해야지
보는 이의 마음 혼란스럽지 않게

잠을 설친 아침

생각이 생각을 끌고 온다
그 밤 뒤척이며 자다가 깨다가
어설프게 선잠으로 보내버렸네

새벽녘 몸을 일으켜 창가에 서니
서쪽 하늘에 별 하나가 떠있네
누구를 기다려 그 밤을 새웠을까

기다림이 얼마나 간절했으면
산등성이 차마 못 넘어가고
반짝임 간직한 채로 서있을까

찾아온 아침이 뜰에 내리면
별은 이미 져버리고 말 것을
못 이룬 사랑 상사화로 피겠네

꽃길

장미가 피어있는
길을 걸어갈 때
꽃길을 가는가
가시밭길 가는가

어디를 보는가의
관점에 따르는 것
가시를 키우거나
꽃을 피워내거나

삶 속에서 피우는
꽃도 가시도 모두
남의 몫이 아닌데
사랑의 물 주어야지

병문안

제발 건강을 회복시켜달라며
간절히 기원했던 그 입으로
편안히 가실 수 있기를 비네

바람에 나부끼는 풀잎처럼
이렇게 쉽게 흔들릴 수 있나
왔으니 가야 할 길 누군들
언제까지 머물러 있을 수 없는
피할 수 없는 운명인 것을
알면서도 감당 못해 서럽네

텅 빈 것 같은 세상이 미워
먹먹해지는 가슴 못 달래도
끊어지는 애간장은 남은 자 몫
바람이 자도 이파리의 흔들림
쉬이 멎지 않듯이 슬픔마저도
보듬고 가야 하는 숙명인 것을

기적

아침에 눈을 뜨고
창문을 열어보는 일이 기적이다

지난밤 감았던 눈을 다시는
못 뜨는 이가 하나둘이랴
오늘은 어떤 일로 삶에
하루의 역사를 만들는지

미소 짓는 이의 마음에
상처 주는 일은 없어야지
조심스러운 언행을 간직하자

아무도 살아보지 않은 오늘
설렘으로 시작하는 일상이
주어진 커다란 행복이다

잠자리에 들어서 돌아보는
후회 없는 하루가 행복이다

자정 무렵

상념에 젖어 잠들지 못할 때
간들거리던 시계 바늘이 딸까닥
하루만큼의 시간의 고개를 넘는다

빈자리 만들지 않고 채워지는
오늘의 이름을 달고
꼭 같은 길이만큼의 시간이
하루의 다리가 되어 앞에 있네

무엇을 어떻게 하며 건너갈까
순간이 세월을 만들며 지나면
생성이 많을까 소멸이 많을까
그걸 따라왔다가
다시 돌아가야 하는 운명

더 많이 성실하지 못했거나
자상하지 못한 시간이 아쉬워
그 하루를 어제의 이름 지었다가
다시 지워내고 찾아온 오늘 앞에서
숙연한 마음으로 두 손을 모은다

모란이 머물던 자리

부귀영화를 한껏 피우던 곳
저녁 무렵 지나다가 들렀더니
몇 개의 씨방만 남겨놓은 채
모란은 모두 떠나고
어둠만이 휘감아 돌고 있다

꽃잎은 속절없이 떨어지고
향기마저 지워진 뒤에는
눈길 주는 이 아무도 없고
쓸쓸함만 맴돌고 있다
가을걷이 끝난 들판처럼

지금 잠시 머물다 가는 이곳
조금 궁색하게 지낼지라도
훗날 지나쳐 가는 사람들이
눈살 찌푸리게는 말아야지
평생이라지만 찰나인 것을

어떤 약속

밤하늘 별을 볼 때도
순수함으로 볼 일이다
그 눈으로 다시는
못 볼 수도 있으니까

오늘 하는 일에 대해서도
최선을 다해야겠지
이 일을 다시는 못할
마지막일 수도 있으니까

올 때에 가는 날 모르고
떠밀리듯 와버린 세상
무엇을 하다 돌아가리
누를 끼치지는 말아야지

은행나무의 독백

수많은 자동차가 오가는 곳
쏟아내는 매연을 마시라고
가로수라는 이름표를 달고
뿌리조차 다 못 펴게 묶인 채
심어져 멀거니 세월을 보내네
남아 사상이 가장 짙게 배어있어
아녀자로 태어나 자란 것들은
모조리 뽑히거나 잘려 나가고
남정네만 남겨져 멀뚱거리네
한 그루만 무성하게 자라나
근처 남정네와 눈 맞고 정들어
가지마다 한가득 열매를 매달아
노란 원색으로 가을을 펼쳐내면
자녀들 학비 된다고 좋아하더니
가지 사이로 바람이 스쳐 지나고
세월이 눈송이처럼 내려 쌓이면
키워왔던 가지들은 잘려 나가고
언젠가는 몸뚱이마저 뽑힐 운명
알면서도 오늘, 푸른 잎 가득
매연, 소음을 보듬어 안고 있네

4부

연꽃

바퀴 위의 삶

하늘이나 물속이 아니라면
멀리까지 빠르게 가는 길을
바퀴 없는 이동이 가능할까

두 발로 걸어서 다니거나
말, 소를 타고 다니던
옛 시절의 삶이야 다르지만
오늘도 하루 중에 몇 시간을
바퀴 위에서 보내면서도
감사함을 잊고 살아가고 있네

새삼 이를 만들었던 사람에게
고마운 마음을 전하고 싶어
지금 삶의 바퀴는 어디를 향해
무엇을 찾아서 굴러가고 있는가
목적지는 제대로 정해두고
방향은 정했는지 돌아보네

지나치게 서두르지 말아야 하고
게으름 피우지 않으면서
오늘도 삶의 방향을 올바르게
지키려고 애써 보아야 하리
이루지 못할 꿈일지라도

검은등뻐꾸기

혹혹 혹혹 ~ 혹혹 혹혹
혹혹 혹혹 ~ 혹혹 혹혹

지난밤 무슨 사연이 있어
다 못 지운 설움 토하며
이른 아침부터 숲속에서
슬픈 메아리를 남기는가

두 음절 울음으로도 목이 메이고
애달픔은 흐느낌으로 남아
저미는 가슴 달래지 못하는데
네 음절을 꺾어서 울어 외는
애절한 사연을 누가 알랴

짙어지는 녹음 속에서
실바람에도 한들거리는
나뭇잎의 춤사위로도
얻을 수 없는 위안이었나
서러운 가슴 헤집고 울고 또 우네

혹혹 혹혹 ~ 혹혹 혹혹
혹혹 혹혹 ~ 혹혹 혹혹

방학동 은행나무

학이 알을 품고 있는 형상이라는 동네
누구는 육백 년을 살았다 하고
누구는 칠백 년을 살았다 하면서
백 년도 못 살았던 뭇사람들이
비교도 못 할 까마득한 할베 나이를
동네 아이 나이를 가늠해 보듯하네

기나긴 세월 속에서 갖가지 수난도
신령처럼 떠받드는 호강도 있었어
연산군이 묻히는 모습도 보고
정의공주가 묻히는 것도 봤을까
해거름이면 그림자 길게 드리워
묘역이라도 쓰다듬을 것만 같네

지자체에서 천연기념물로 지정
보살핌에 최선을 다하고 있지만
스치는 바람에도 느껴지는 세월
살아온 날보다 살아갈 날이 더
짧다는 것을 그도 느끼고 있을까

봄이 오면 새싹 예쁘게 돋아나고

여름엔 녹음을 덧대어 키워내면
노란 원색의 새 옷을 차려입고
풍요의 계절을 한껏 펼쳐 보이겠지

대숲에 내리는 눈

어릴 적 고향마을에 눈이 내리면
집 뒤 대나무밭에서는 밤새워
눈 무게를 못 이기고 부러지는
대나무의 외마디 비명소리 들려와서
잠을 설치고 안타까워도 했었지

아침에 일어나자마자 대밭으로 나가
쌓인 눈을 흔들어 떨어내곤 했는데
세월이 눈송이만큼 많이 흐른 지금
그때 생각하며 추억에 잠겨본다

눈의 무게에 눌려 휘어졌던 대나무처럼
꼿꼿했던 허리도 휘어지려 하는데
흐려지는 눈이라도 곤추떠서
바른길 찾아 걸으며 종착지로 가야지

조금 힘들면 어떻고 굽은 길인들 어떠랴
앞서간 사람들께 누가 되지 말고
뒤에 오는 사람들의 원망 안 듣게
어제를 반성하며 오늘을 살자

비 오는 아침

누구의 슬픔이 맺혀서
이 아침에 비로 내리나
몇 날을 씻고 씻어내도
다 못 지워 남겨진 흔적

구름 뒤편에서는 오늘도
밝은 태양이 웃고 있을까
그 빛으로도 못 밝힌 어둠
마음속에 별이라도 떴으면

저미는 가슴을 부여잡고
아침을 우는 여린 사람아
구름 걷히고 태양이 돋는
내일을 기다려 견뎌 내기를

꽃상여

그해 봄 제비가 돌아온다는 날에
첫눈이 오는 것을 일흔일곱 번을 보셨던
우리 엄마, 꽃가마 타고 산으로 가셨네

출가외인이라는 풍습 때문이었을까
태어나서 자란 고향이 아니라 시집와
수십 년 살면서 정들었을 터이지만
애도 많아 원망스럽기도 했을 곳

그곳으로 가기를 원하시어 거친 땅 한 평에
몸 누이고 하늘을 보고 계셨지
차가운 땅속에서 홀로 얼마나 외로울까

삶에 찌들어 슬픈 줄도 몰랐던 못난 자식
그 나이가 되어 가면서야 더 아프게 느껴져
젖어 드는 눈가에 그리움이 비틀거리네

불효를 후회하는 못난 마음이면
더 가슴 아프고 애가 탔으면 좋으련만
주어진 몫만큼 이어가는 삶 속에서
누군가의 디딤돌이 되었으면 좋겠네
오늘도 또 내일도 돌아가는 날까지

연꽃

얼마만큼의 간절함이면
개흙 속에서도 저토록
고운 꽃을 만들어낼까

얼마나 가슴이 미어지는
그리움이 있어야
꽃송이 밀어 올려 물에 띄울까

어디까지 욕심을 비우면
하루로도 족한 삶으로
꽃잎 닫을 수 있는가

벚꽃 진 자리

꿈이었을까
화려했던 날의 만개는
아직도 봄은 남아 흐르고 있는데
찬란히 무리 지어 피었던 군무
푸르른 이파리만 남아
햇살 아래 나부끼며 춤추고 있다

여름 지나 가을 거두고 겨울 끝에서
다시 새봄이면 가지마다 꽃망울 달아
어제처럼 꽃대궐을 만들어 피워내려나
그때도 벅찬 가슴으로 감동에 젖어
눈물 그렁거릴까 함박웃음 지을까

오늘도 어디에나 세월은 흘러가고
바람은 제멋대로 왔다 가버리는데
누가 붙잡아 멈추게 할 수 있을까
적게 들리고 적게 보이고 작아진 마음
밉지 않은 흔적 남길 수 있을까

길 위에서

가는 길 어디쯤에서
더 큰 행복이 있기를
기대하지 말아야지

지금 이렇게 삶의 길
걸어갈 수 있다는
이것으로 행복이니까

가슴을 열고 감춰 둔
내 것이라 여기는 것을
나누는 것이 행복이라

만남을 앞에 두고

그 밤에 오던 잠은 어디로 보내고
설렘만 가득 안고 새벽을 맞이하네
아침밥은 먹는 둥 마는 둥
전철역 가는 발걸음이 바쁘네

언제나 같은 간격으로 오는 것이련만
오늘따라 늦은 것만 같아 조바심이네
기다림 뒤에 오는 열차가 마냥 반가워
자리를 잡고 앉을 수 있는 행운도 있네

몇 년 만인가 까마득하게만 느껴지는
반가운 이들의 모습을 떠올려 보네
그곳에도 세월은 흘렀을 터이니
얼마나 달라진 모습들일까 궁금해져

모습이야 무슨 상관이 있겠는가
마음씨가 사람 같은 사람들인데
세월도 어쩌지 못해 저만 흘러가겠지
이런 만남은 또 얼마나 더 이어질까

몇 번이나, 몇 번이나
몇 번이나 더

인연 그리고 운명

우리 어느 별에서 무엇으로 살다가
지구라는 별에서 너와 나로 만났을까
만났으면서 무엇이 걸림돌이 되어
서로의 갈 길을 달리하고 다시 헤어져
알 수 없는 곳으로 돌아가야만 하는가

인연이라는 이름으로 만났다가
그 인연 다해서 더는 함께 못하고
운명인 듯 돌아가서 별이 되었나
눈 안으로 들어와 반짝이는 저 별이
네가 보내는 안타까움의 눈짓인가

밤하늘에 빛나는 수많은 별 중에서
어느 별을 찾아서 가야 너를 만나랴
지워진 인연 다시 찾아서 이어질까
삶이 다하면 별 되어 네 곁으로 가려나
어둠 되어 너를 더욱 빛나게 할 수 있을까

강 건너 찔레꽃

수백 미터는 될 듯한 강 건너에
크고 넓은 찔레나무 넝쿨이 있어
하얗게 꽃이 피면 물에 비친 반영이
강 이쪽에서도 눈길을 사로잡아
향기도 여기까지 전해올 듯하네

제방 언덕에 있어 곁에서는 못 보고
강 건너 이쪽에서만 보이는 풍경
여름이면 찔레순을 꺾어 먹던
어릴 적 시골 풍경이 눈에 어려와
마음은 고향 향해 휘달려 가네

때로는 곁에 가까이 있는 것보다
조금은 거리를 두고 바라다보는 것이
별 같은 그리움 더 가슴 깊이 스며들지
내년에도 여름이 오면 저 언덕 위에
찔레꽃 곱게 피고, 다시 볼 수도 있을까

사전답사

꼭 필요한 일을 위하여
가야 할 곳이 있었어
처음 가는 곳이라 난감해서
근처인 듯한 곳에 왔다가
사전답사 겸 찾아갔었네

처음 가는 곳이 여기뿐이랴
인생도 묻고 물어서 가면
그냥 가는 것보다 나을까
정답이 없는 것이라는데
바르게 알려주는 이는 있을까

햇볕은 차별하지 않고
누구에게나 비춰주건만
반갑게 받아안는 사람도
무심코 지나는 이도 있겠지
삶은 제 갈 길 만들며 가는 것

달에게

생성에서 소멸까지 한 달 살이 삶
어둠이 없었다면 그마저도
모습조차 가려진 채 떠돌았을 운명
비라도 내리는 밤이면 어디에 숨어
한숨으로 그 밤을 지새우고 있을까

환하게 웃는 모습 열두 번 보면
한 해도 저물고 마는 세월인데
몇 번을 더 그 모습 보며 흐르면
쉼표를 만날 수가 있을까
거기 마침표도 함께 있으려나

마음으로 보아주는 이들 많지 않아도
실눈 뜨고 웃을 수가 있고
보름달로 떠서 어둔 세상 밝히는
닮고 싶은 마음 그대는 알고 있는지

길을 가면서

길을 갈 때도 가끔 뒤돌아 볼 일이다
목적지만 생각하고 앞만 보고 가거나
때로는 목적지도 없이 가면서도
뒤에 오는 이를 의식하지 못한 채
주춤거리기도 하고 멈춰 서서
앞을 가로막는 일도 있었을 터인데

세상은 함께 살아가는 것인 걸
혼자만의 것인 양 으스대진 않았을까
어디에도 걸림 없이 지나가는 바람도
멈춘 듯 흐르는 강물도 함께 가는데
옆도 돌아보고 뒤도 돌아보면서 가자

함께 하면서 살았는지 외톨이였는지
어디에도 어울리지 못한 채
스스로 숨어들며 보낸 삶은 아닌지
부는 바람에 흔들리지 말고
세상을 붙잡고 가야지
끝을 만나는 날까지

하룻밤의 꿈

탓하지 말자 누구도 아닌
자신의 몫이었던 삶인데
남의 것을 살아주는 것처럼
으스댈 것이 뭐가 있는가
따뜻한 가슴으로 보듬어야지

바람 부는 들판에 서면
크기만 다를 뿐 흔들림 없이
서 있는 것이 어디 있으랴
영원할 것 같은 바위까지도
깎이고 부식되어 가는 것을

새벽이 온다고 들뜨지 말고
저녁이 되었다고 서러워 말자
떠오르는 해는 지고 말며
휘감는 어둠도 하룻밤의 꿈
자다 깨고 자다 깨는 삶인데

가던 길

파란 하늘 끝 산등성이
걸터앉은 흰구름 한 점
그냥 슬며시 넘어가지
무엇 하러 멈춰 섰는가

밀어주는 바람 안 불어
가려 해도 못 가는 마음
알고는 있는가 타는 속
짐작이라도 하는가

머잖아 사위어질 운명
타박하지 말고 그냥 두게
뜻한 대로 안 되는 세상
곱게 보면 모두 꽃인 걸

종강식

옷깃을 스쳐는 것만도
수억 겁의 인연이라는데
마주 보고 대화하는 것은
얼마만큼의 인연이었나

까마득히 먼 곳에서도
옆인 듯 가까이서도
한나절을 비워내면서
만들어졌던 만남이었네

아무리 반가운 만남이라도
그 끝은 이별이 찾아오지
회자정리會者定離 누가 만든 말일까
그 말 없다면 이별도 없을까

밤하늘에서 뛰어내린
유성처럼 지나갔지만
가슴 깊이 남겨질 인연
어디서 무엇으로 만나질까

마음속에 시의 씨앗 심어

곱게 키워 꽃을 피워내자
그 꽃향기에 함께 취하자
그 행복 더 많이 전하며 살자

※2025년 6월 5일. 서울특별시 교육청 도봉도서관 제18기 시낭송 시치유 종강식이 있었다. 2011년부터 시작하여 15년 차인 이 강의에 수강했던 분들은 곳곳에서 정신적으로 소외되고 힘들게 지내는 사람들을 위해 재능봉사를 하고 있다.

5부

여정

빈집 감나무

어느 날 이삿짐 차가 오가더니
어르신 내외가 사시던 집
옆집에 사람 기척이 없네
밤에 불도 켜지 않아 깜깜하고
빈집 되어 쓸쓸함만 남겼다

마당에 감나무 한 그루
함께 못 가고 우두커니 서있네
빨갛게 홍시가 익어갈 때면
물까치 떼 잔치를 벌였었지

주인 잃고 올해도 감을 매달아
가을이 오면 홍시로 익혀낼까
그때쯤 집주인 어르신도
건강 회복하고 돌아오실까

홍시를 따며 밝은 미소 피우실지
혹, 전부 다 물까치 몫은 아닐는지
텅 빈 옆집에 햇살이 문안 오고
바람이 창문 사이로 안부를 묻는다

금계국

중랑천 변 강둑 언덕에
눈길 가는 곳 멀리까지
오월의 푸르름이 세월처럼
강물 따라 흘러갔지

그달 가고 유월이 왔는데
누가 하늘에서 금가루를
여기에다 쏟아부었을까
지천으로 금꽃이 피었네

나라 위해 고귀한 목숨 바친
선열의 넋이 꽃으로 피었을까
그리움으로 지새우는 밤에
가만히 불러보는 아픈 이름

오늘도 금빛 금계국 군락에는
바람 불어와 흔들어대네
강물의 흐름은 한쪽으로 가고
꽃은 바람결 따라 흔들리지

수레국화

여름이 쌓여가는 늘길 옆으로
보랏빛 그리움 곱게 받쳐 들고
수레국화 무리 지어 피어있네
누구를 향한 애틋함이 꽃이 되어
한여름 땡볕 아래 기다림으로 섰나

꽃들도 젊음도 인생까지도
왔다가 떠나가면 더는 없을 것을
거두어 담을 수도 없는 정을 주고서
텅 빈 가슴은 어이 두드리며 우는가

오래지 않아 시절이 가고 또 오면
그리움도 하얗게 바래서 져버리겠지
불어오는 따뜻한 바람도 머잖아
짧아진 하루에 햇살마저 시들 것을

옷깃을 여미게 하는 계절이 왔을 때
속절없이 져버리고 나면 흔적도 없는 것
미련도 욕심도 미워하는 마음까지도
모두 털어버리고 구름처럼 흘러가게나

수행 중

빛나지 않으면 어떠랴
마음속에 꺼지지 않을
등불 하나 켜두었는데

알아주는 이 하나 없어도
스스로 만들어 가는 행복
가슴 가득 담아 두었네

피는 꽃만 반기지 말고
지는 꽃도 눈여겨보자
새 생명 씨앗 안고 있는

여정 旅程

일부러 떠나지 마라
세월 가면 자연스레
헤어짐이 오지 않겠나

가던 길 멈추지 마라
언젠가 더는 못 가는
기막힌 운명이 오려니

생명 사랑을 아끼지 마라
아무리 주려 해도 그 사랑
줄 곳마저 없을 때가 온다

욕심으로 애쓰지 마라
이윽고 떠나갈 때면
빈손도 무거울 터이니

운명

죽음에서 벗어나려는
절박한 이 몸부림이
그 손에 전율을 느끼는
희열이었더란 말인가

기억하라 재미로 하는
물 밖의 그 몸짓 때문에
물속 다르지 않게 소중한
또 하나 생명의 종말을

장미꽃의 일생

하룻밤의 꿈은 아니지만
긴 날의 영화도 아니었다
황홀경을 만들었다가
속절없이 져버려야 하는
슬픈 종말을 짐작했을까

줄기만 살아 해가 바뀌면
화려하게 다시 피어난대도
오랜 날 견디지 못하고
시들어버릴 운명인 것을
향기만 한껏 피워내는 삶

서러워 마라 영원은 없는 것
한 삶에 최선을 다했었다면
후회는 쓸데없는 욕심일 뿐
존재의 이유는 보는 눈길에
즐거움 가득 안겨주던 행복

그때 알았으면 달랐을까

몰랐었다 바람이 지나가면
꽃이 핀다는 것을 몰랐어
알고 난 뒤에 그 바람은 없고
다시는 꽃피울 계절도 없어

알았다면 뭐가 달랐을까
언제나 지나고 난 뒤에서야
후회로 물들어지는 삶인 걸
오늘도 꽃은 피고 지는데

바람은 언제나 결 따라 불고
꽃은 피었다 떨어져 가는 것
거기에 어떤 오차도 없지
그냥 오늘에 진심을 다하자

절반은 땅속에 묻힌 채로
눈길 한 번 받지 못해도
묵묵히 가장 소중한 자리
굳게 지키는 주춧돌이 되자

강가에 서서

흐르는 강물을 본다
단 한 번도 같은 물을
흘려보내지 않는 지조
끊임없이 흐를 수 있는
힘이었을까, 닮고만 싶네

실바람에도 흔들리는
가벼운 마음을 어쩌나
돌이라도 매달아 놓을까
묵묵히 흐름에 맡겨둘 삶
돌아올 수 없는 시간인 것을

거스를 수 없는 순리 속에
누구에게도 폐가 되지 않으면
조금 모자라면 어떠하고
가진 것이 가벼우면 어떠랴
몸뚱이마저 두고 갈 거면서

삶의 질곡

뜻대로 되지 않음에 노하지 말라
어떻게 인생을 웃고만 보낼 수 있나
때로는 그리운 사람 이름 부르며
어깨가 들썩이도록 울어도 보자

무슨 수로 삶을 즐거움에만 쌓여
춤추며 지낼 수 있겠는가
가끔은 보고 싶은 얼굴 떠올리며
눈이 부어오르도록 울어도 보자

다시는 못 올 낯선 곳을 향해 가면서
이런저런 핑계 대며 주춤거려도
인생은 거기까지가 끝이 아닌가
쓸데없는 것들로 가슴을 채우지 말자

하루를 보내며

곁에 없음을 안타까워 말자
그러기에 그리워할 수 있지 않은가
어차피 지고 말 꽃이지만
망설임 없이 피어나는 숭고함이여

남기려 하지 않아도 어쩔 수 없이
그림자처럼 따라다닐 미련 속에
지나간 흔적이 밉지는 않아야지
다시 돌아올 수 없는 길인 것을

바람이 들려주는, 달빛이 전해주는
애틋한 그리움의 메아리에 젖어
하루를 살았다가 어쩌면
다시 와줄지도 모를 내일을
기다리고 기다리면서

눈썹달

별도 보이지 않는
어둠에 묻힌 밤
서쪽 산등성이
쓸쓸히 넘어가는
낯익은 조각배 하나

한낮의 그리움들
기우뚱하게 싣고
누구에게 전하려
이 밤에 산을 넘나

하루 서리 담아
언제까지 머물까
아침햇살 비취면
낮달로 다시 올까

갯바위

저만치에 육지를 보며
다가왔으면 바라는 마음
다가가고 싶은 간절함
어쩔 수 없는, 운명처럼
견뎌내야 하는 아픔이라

그리움에 밀물 따라
육지로 달려갔다가
그 마음 전하지도 못하고
썰물 따라 더 멀리까지
떠내려온 설움을 어쩌나

그해 가을은

사람들은 말을 했었지
아직 한 번도 겪어보지 못한
길고도 긴 무더운 여름이라고
그 날뛰는 폭염을 걷어내느라
가을은 얼마나 힘들었을까
결실의 풍요를 가득 펼쳐놓았네

조금 늦게 온들 무슨 상관이겠나
흐르는 땀을 씻어주면서
하늘을 파랗게 밀어 올리고
이파리들을 빨갛게 노랗게
물들여놓았는데
오는 듯 가버리면 아쉬워서 어찌하나

근시

짙은 안개는 멀리 있는
높은 산을 가리고
가까이 있는 낮은 산이
세상에서 가장 높고 큰
산이 되어 다가오네
근시가 되어버렸지

안개처럼 이 눈을
가리는 짙은 그림자
무슨 수로 걷어내어
더 멀리까지 봐질까
거기에 높고 큰 것들
온전히 보아지려나

새벽달

그날 밤 보름달이
세상 구경하느라
늦장을 부렸나 보다

아침인데 여태껏
산마루에 앉아서
환하게 웃고만 있네

저러다가 낮달이 될라
산 너머엔 세상 소식
언제쯤 전해주려고

나팔꽃

누구의
단잠을 깨우려
이 아침
나팔을 치켜드나

하루도 못 견뎌
지고 말 것이면서

내면의 거울

다른 사람의 비리를 보며
원망하거나 탓하지 말자
물질 앞에서 명예 앞에서
얼마나 초연할 수 있었던가
자신에게 눈을 감지는 않았나

돌아보는 삶에 부끄러울 일들
없었다고 할 수 있겠는가
순간순간마다 자신을 위해
비굴하거나 오만치 않았다
양심에 비춰볼 수 있나

다른 이들이 검다고 하여
자신의 검음이 당연치 않듯
스스로를 들여다볼 수 있는
양심의 눈을 더 밝게 떠서
자신의 허물부터 고쳐보자

6부

선물

나무 지팡이

언제 스쳐진 옷깃이
여기까지 찾아와서
만남의 인연 되었나

얼마의 세월을
태어나 자란 후에야
이 손안에 쥐어줬어

깎이고 다듬어져
본래의 모습 없어도
버텨 걷게 하는 다리

선물

어둠 한 아름을
안아다가

별인 너의 곁에
풀어놓고 싶다

더 밝게 네가
빛날 수 있도록

말을 말리며

생각 없이 던지는 말 한마디가
듣는 이의 가슴에 비수가 되어
아물지 않는 상처를 남긴다는데
골라낼 거름망 없이 살지 않았을까

정작 자신은 속없는 남의 말에
심기가 불편해하기도 했겠지
세월 가면 감각도 무디다는데
좁아진 마음 더 날카로운 건 아닌지

하고 난 뒤에 후회를 하지 말고
하기 전에 쓸 말 못 쓸 말 골라야지
상처 준 것들은 까맣게 잊고
받은 상처만 아파하며 원망을 말자

혼자만 사는 것 같은 세상에서
혼자서는 못 사는 것임을 느낄 때
우리 함께라는 테두리를 위하여
닫으려는 마음 더 많이 열어야지

전철을 타고

일상처럼 전철을 타고 목적지로 간다
쏟아지지는 햇볕은 등이 따가운데
가늠할 수 없는 무게를 싣고도
가뿐하게 내달리는 힘은 무엇인가

눈에 보이지 않는 힘에 이끌려
사명을 다하는 열차의 움직임
세상은 보이는 것보다
안 보이는 것에 의해서 움직인다

거대한 파도를 만드는 바람도
햇빛도 달빛도 별빛까지도
슬며시 왔다가 또 그렇게 돌아가는
이 삶까지도 볼 수가 없다

목적지를 정해두고 가는 전철 위에
덩달아 달려가면서도
쉴 곳, 내릴 곳이 어딘지 몰라
다른 이의 짐 대신할 마음 있었으면

지금은 여행 중

눈이 부시도록 화려하게 피었던 꽃들
모두 지우고 푸르른 이파리들만
한여름 땡볕에 늘어져 졸다
지나가는 바람에 휩쓸려 흔들린다

삶 다하는 날 탄성이 나오는 단풍
화려한 꽃을 피웠던 나무들보다
피는 듯 마는 듯했던 나무들이
더 곱게 물드는 까닭을 알지 못한다

동물들의 생애도 그러하겠지
사람의 삶도 그와 같은 것
화려해 보였던 삶의 끝자락이
오히려 초라해 보이기도 하는 것

조금 힘든 듯한 삶이라 할지라도
마음에 따라 더 불편하기도 하고
살만하다 느낄 수도 있는 것
날카롭지도 모나지도 말아야지

밤에 피는 꽃

사무치는 그리움에
박꽃은 밤에도 핀다

얼마큼 기다림 뒤에
만남의 시간이 오랴

어둠 떠도는 인연에
보름달로 크는 열매

묵언 정진

할 일 없이 강변을 거닐다가
반쯤 물에 잠긴 바위를 본다
기나긴 세월을 지켜오며
물속의 이야기를 땅에 전하고
땅 위의 이야기 물속에 전했겠지

정작 땅이 뒤집힐 물속의 사연
물이 거꾸로 흐를 땅 위의 사연은
속으로 혼자 삭이며 지냈으리
고개가 숙여지는 묵언 정진이다

육지의 이끼도 덥히지 않고
수중의 물때가 끼지도 않은
정갈한 모습이 경이로워
살아온 날을 되돌아본다

들었던 말 잠시의 지체도 없이
다른 귀에 들려주거나
들었던 것보다 몇 가지
더해서 전하지 않았을까
부끄러움에 바위 뒤로 서본다

보리에게

여름날 불볕더위가 무서웠나
가을날 땅속에서 돋아나
여리디여린 새순으로도
에는듯한 한파에도 끄떡없더니

길어지는 낮 더위가 두려워
그 여름 미처 오기도 전에
쉼표를 찍고 멈추었는가
푸르던 기상 어디에 두고

닮아지고 싶었던 열망은
어디에다 기대어 볼까
흔들리는 마음 정처 없다
깃털처럼 가벼운 생명을

엉겅퀴꽃

강물 내려다보이는 언덕에 서서
지난밤 내린 비로 말쑥해진 모습
간절한 바람으로 두 손 모으고
어쩔 수 없이 떠나야만 했던
시린 사연을 가득 담았네

어디쯤에서 머물러 있으면
다시 만남의 인연이 지어지려나
뻐꾸기 울음소리 목메는 시절
땡볕에 청초함마저 행여 잃을라
가시로 뒤덮인 고슴도치 사랑

구름 흘러가는 하늘 끝에는
밤을 지새운 낮달이 걸렸는데
온몸 감싸고 돌다 멀어지고 마는
추억 한 자락 부여잡고 낯설어하네
고독함에 젖어 우는 보랏빛 꽃잎

삶의 길

나무를 스치는 바람
흔들리는 가지들의
두려움을 모르겠지

꽃잎이 지는 밤에
더욱 구슬프게 우는
풀벌레 소리 서러워

가던 길 쉼표를 찍고
고달픈 몸 기대 서서
쉬어갈 곳은 어디에

고향의 메아리

고향 마을 나와서 우측 길로 가면
바람 많은 '목네미' 모롱이가 있고
멀지 않은 냇물 건너편에
괭이 덤이라는 이름을 가진
작지만 웅장한 바위산이 있었지

모롱이 앞에서 소리 지르면
큰 소리가 아니어도 이내
선명하게 메아리로 되돌아와
그곳을 지날 때면
소리를 질러대며 신기해했지

소년 시절 추억은 세월 갈수록
그리움 되어 가득히 안겨 오겠지
아이들 키우면서 아빠 고향 얘기
자랑으로 들려주곤 했지

아이들 데리고 고향 갔을 때
그곳을 찾아가 그 앞에 서서
크게 소리를 질러대도
메아리는 모른 척 돌아오지 않았지

자동차 경적 크게 울려도 대도

세월 가도 변하지 않는 건
아무것도 없는, 산도 들도
메아리까지도 모두 변해버렸지

예전에는 민둥산이라 작은 소리도
이내 반응을 보여 되돌아왔고
세월 흘러 그 돌산도 나무들이 자라
숲을 이루고 있어 크게 소리쳐도
너그러이 보듬어 안아버리고 있지

이만큼 세월을 지나온 지금
눈에 거슬려도 못 본 척
귀에 거슬려도 못 들은 척
세상을 곱게 보듬어 안아야 하리
사람들에게 해 되지 않는 일이라면

촛불을 켜며

정전이라며 암흑이 될 때
촛불 하나를 켠다
방안의 어둠이 사라지고
마음까지 환해지는 시간

휘황한 전등 가득한데
별다른 의미도 없겠지만
촛불이 가장 밝은 때도 있고
특별한 날만 켤 때도 있었지

마음속의 어둠은 무엇으로
걷어내고 밝힐 수 있을까
촛불조차 없는데
어둠도 익숙해지면 나아질까

마음의 창을 자꾸 열어서
햇빛도 달빛도 별빛까지
편안히 들어오게 해야지
신선한 바람이 부식을 막게

누님을 만나던 날

일흔 번 하고도 세 번의 새해를 맞고
묵은 해를 보내면서 모나지 않게
사는 동안 혈육의 품에 함께 했었네

마주할 기회가 자주 없어
어쩌다 만나지는 삶이지만
거리감을 느낄 수 없던 사이
열네 살이 많아 엄마 같은 누님

위독이란 급보에 달려가던 날
다시 만나지 못할지도 모르는
슬픈 운명에 마음 가누기 어려워
무얼 해야 할지 갈피를 못 잡네

언젠가 찾아올 이별이지만
대비하고 사는 삶이 어디 있을까
저물어 가는 한 해의 끝에서
휘감기는 밤공기가 차갑다

바람은 거세게 불어대는데
이 흔들림 어떻게 해야 하나

길 떠나는 누님에게

언젠가는 가야 할 길이지만
보내는 가슴 갈가리 찢어집니다
가시는 마음인들 편하실까요
다시 못 만날 운명 앞에서
어찌해야 쉽게 보내고 떠날 수 있을까요

얼마나 멀고 어둡고 춥고 힘든지
알지 못하면서 말릴 수도 잡을 수도 없이
속절없이 잡은 손을 놓아야 하나요
언제 어디서 어떤 모습으로 다시 볼까요

남아있는 가족들 걱정에 가던 길 멈추고
자꾸 뒤돌아보지 마시고 편안히 가십시오
그곳에는 미끄러운 황톳길 물동이 이고
오르내려야 하는 봉천동 산동네도 없고
형편 어려워 살던 집에서 도망치듯 밤중에
이사해야 하는 그런 일도 없을 겁니다

아이들 못 입히고 못 먹일까 걱정하는 일도
없는 살림에 아프기라도 할까 애간장 녹이는 일도
이제는 쓴웃음으로 내려놓을 수 있으시지요
언제나 동생 왔다고 반겨주던 어머님 같던
인자하신 그 모습 자꾸 눈가에 젖어 듭니다

도봉천이 얼던 날

에일 듯 추위가 휘몰아칠 때
흰뺨검둥오리 몇 마리 물에서
헤엄을 치다가 지쳤을까
둑 위로 올라와 졸고 있다

쉼 없이 흐르던 개울물은
여기저기 가장자리를 붙잡고
멈춰 서서 하얗게 얼어붙었어
겨울은 정적의 계절이었을까

여기에도 세월이 흘러가면
곱게 봄바람이 찾아들겠지
얼었던 개울물 녹아 흐르고
파릇한 새싹들이 피어나겠지

멈춘다는 것은 소멸이 아니라
또 다른 흐름을 시작하는 것
더 멀리 뛰기 위한 움츠림,
아름다움을 위해 준비하는 것

산불

조심조심 또 조심하라고
귀가 따갑도록 외쳐대건만
듣는 둥 마는 둥 흘려버리고
드넓은 산들이 잿더미가 되었네

이 봄에 새로 태어난 어린싹
몇십 년 몇백 년을 살아온 고목도
시뻘건 불길에 휩싸이고 말아
몸부림도 못 치고 숯덩이가 되네

천년을 지켜온 고찰에도
화마는 사정없이 들이닥쳐
대웅전도 요사채도 불타버리고
지옥 중생들 영혼까지 일깨우려
아침저녁 웅장하게 울리던 범종

종루에 걸려있던 범종은
불타버린 종루의 잿더미 속에
깨어진 채로 나뒹굴고 있어
할 말 잃고 넋 나간 이들 가슴을
시꺼멓게 함께 태워 저며대네

미처 다 알지도 못할 동물식물들
소중한 생명들이 사라져 가고
사람까지도 그들이 살던 보금자리도
다시는 돌아오지 못할 운명 앞에
남겨진 것은 탄식뿐 눈물도 말라버렸네

위로가 될 수 있는 말은
국어사전을 다 들추어도 찾을 수 없어
성냥개비만 한 작은 불씨가
몇 날을 돌아보아도 다 볼 수 없는
넓디넓은 산, 마을까지도 태워버렸네
사람들 마음도 더 깊은 화상을 입었네

그래도 살아야 하리 모진 목숨
버텨내고 견뎌내고 이겨내어서
다시 푸른 산이 되는 걸 보아야 하네
불타버린 산들이 스스로 살아나듯이
우리도 스스로 치유하고 다시 살아야 하네

노원 실버카페

토요일 오후 3시가 되면 그곳에는
또 다른 삶의 의미를 찾는 장이 열린다
적을 때는 수십 명 많을 때는 백여 명
이름처럼 노인들이 많은 카페지만
더러는 젊은이들도 함께 어울리는 곳

"내 안에서 찾는 나" 예쁜 현수막이 걸리고
화려하지 않아도 조명이 들어오고
두 개의 마이크가 무대 위에 설치되면
진행자는 인사를 겸한 안내 말을 전하고
한 편의 시 낭송으로 행사가 시작된다

시낭송이 좋아서 찾아오는 어르신 중에
연세가 많은 분부터 무대 위로 초대해서
시낭송을 부탁드리면 처음에는 한사코
사양하더니 인원이 많을 때는 한 두 편의 시를
참여 인원이 적을 때는 일곱 여덟 편의 시를
읽거나 외우며
이 행복을 감당을 못 하겠다
눈시울을 적시기도 하는 감동의 시간

열다섯 해라는 세월이 스쳐 지나가고
오백스물여섯 번의 행사를 거치는 동안
여기에서 시낭송을 하면서 인생이 달라졌다
환하게 웃으시거나 눈시울 붉히며 손을 잡고
몇 번씩 고맙다는 인사를 하실 때면
왜 살고 있는지 살아가야 할 이유를 일깨워 주네

어르신들을 위해서 참여하는 출연진들
가까이는 물론이고 수 시간이 소요되는
멀리 지방에서도 기꺼이 찾아오는
그분들도 강산이 일곱 여덟 번 바뀌는
세월 말미에서 삶의 아름다움을 찾고
그 시간이면 시가 흐르고
가슴 가득 행복을 담을 수 있네

* 노원실버카페. 공릉청춘카페: 노원구 중계동과 공릉동에 위치한 어르신을 위한 카페다. 젊은이도 이용하지만 65세 이상이면 차 한 잔에 500원이고 주중에는 매일 노래 공연을 토요일에는 시 낭송을 하는 국내 유일의 시설임.

별을 생각하며
-고 윤철환 선생님 영전에

세월 바람이 불면 그냥 지나가는 줄만 알았네
휩쓸려 가는 것이 이리도 많은 줄도 몰랐네
그 여름 보내고 가을빛이 시나브로 스며드는 날
가슴 미어지게 하는 슬픈 소식이 전해왔네

나라가 위태로울 때 군대에 자원입대해서
전투에 참여하여 나라 구하는 일에 앞장섰던
사회질서가 어지러울 때 솔선수범으로
맑고 밝은 세상 만들려 애쓰던 이 사회의 어른

수십 년 후를 생각하며 원망도 험담도 마다하지 않고
맑은 하천 만드는 일에 헌신적으로 노력하던
명절 선물로 들어온 갈비 한 짝도 그냥 먹지 않았던
청백리상에 빛나는 어른, 화낼 줄 모르던
인자하신 어른께서 여기 이승을 내려놓으셨네

그토록 그리워하던 고향 이제 마음 놓고 가시는지요
70세가 되었을 때 북에다 두고 온
30세 어머님 사진을 앞에 놓고 쓰셨다는 사모곡으로
가슴을 울리시더니 이제 마음 놓고 어머님 품에

안겨보기도 하고 실컷 울어도 보셨는지요
함께하던 문우들 여기 이렇게 모였는데 어찌하여
평소처럼 함박 웃으며 "왔는가" 하고
반기며 손잡아주지 않으십니까
사진 속의 웃음은 여전하신데 어찌하여
아무 말도 없으십니까 난로처럼 따뜻한 분

손을 잡아주지 않아도, 아무 말씀 안 하셔도 괜찮습니다
그리운 고향도 찾아가시고 꿈속에서라도 보고 싶어하던
어머님 아버님과 함께하시며 극락에서 지내십시오

문단에도 사회에도 커다란 별 하나가 떨어졌으니
이제 하늘 한쪽이 어둠으로 가득하겠네
따뜻한 난로 하나가 꺼져버렸으니
이번 겨울은 더 춥겠네, 많이 춥겠네

↑ 고 윤철환 선생님은 청년 시절 이북에서 공산당의 횡포를 못 봐 6.25.전에 남쪽으로 오셨다가 6.25. 전쟁이 터지자 해병대에 자원입대해서 전장으로 나가 인천상륙작전에도 참여했으며 제대 후에는 서울시에 입사하여 32년 동안 재직하고 정년 퇴임했습니다.

시청 고위직에 근무하다 정년퇴직 후 남은 것은 작은 칩 한 채가 전부였습니다.

제1회 청백리상을 받으신 선생님은 고위직 근무 시 명절 때 퇴근해 보니 누가 갈비 두 짝을 두고 간 것을 보고 부인에게 이런 걸 받았다고 나무라니 두고 가버리는데 무거운 걸 들고 따라갈 수도 없어 어쩔 수 없었다고 하니 다음날 백화점에 가서 같은 상품의 가격을 알아보고 그 금액을 보낸 사람 이름으로 자선단체에 기부를 했답니다.

또 근무 당시에 어려운 시절이라 서민층에서는 상수도 요금도 부담이었던 시절에 선진국에 찾아다니며 보고 익혀서 엄청난 원망과 욕까지 들어가면서도 하수도 요금을 신설했고, 그것을 기틀로 하여 하천물이 지금처럼 맑아질 수 있도록 하셨습니다. 누가 술에 취해 뭐라고 해도 웃기만 하던 고매한 인품의 선생님이 그립습니다

나의 인생 나의 문학

("시향에 젖은 삶" 2022년 한국문인협회 刊 '문단 실록'에 수록한 것입니다.)

백세를 내다보는 장수 시대에 70을 갓 넘긴 나이로 인생을 논한다면 눈을 치켜뜨고 혼낼 준비를 하시는 분이 있을까 조심스럽다. 나의 어릴 때만 해도 60세가 되면 장수하셨다며 회갑 잔치를 성대하게 열었던 생각을 하면 그냥 고개라도 끄덕여 주실 것만 같아 용기를 내어본다.

나에게 문학은 내가 문학 속에 들어가 있는지 문학이 내 속에 들어와 있는지 헷갈릴 정도로 삶과 함께 엮어져 왔다. 어릴 때부터 글을 읽고 쓰는 것을 좋아했지만 초등학교 4학년 때 담임선생님께서 토요일 오후 특별활동 시간에 문예반에 넣어주셨고 5학년 때 나의 고향인 거창군 주최 백일장에 나가면서 문학을 더 가까이하게 되었다. 그때는 그 의미를 알았든 몰랐든 김소월 시인의 시 '못 잊어'를 책상 앞에 붙여 놓고 즐겨 읽고 외우기도 했었다.

당시에는 6학년 선배들이 졸업식을 할 때면 5학년 학

생이 '송사'를 읽고 6학년 졸업생이 '답사'를 읽었다. 내가 5학년일 때 선생님께서 '송사' 대신 '송시'를 쓰시어 나에게 읽게 하셨다. 시골 학교라 전교생이 350여 명에 불과했어도 부모님들도 함께 계시는 자리에서 앞으로 나가 시낭송을 했던 것이 지금 '시낭송'가 '시치유사로 활동하면서 문학이, 시가, 시낭송이 중요한 삶의 한 부분으로 자리하게 된 계기가 되었다고 생각한다. "온 누리에 살살 봄은 오는데 여섯 해를 함께했던 언니들이 가시네……" 로 시작되는 송시의 첫 구절이 지금도 기억에 생생히 남아 있다.

그 후 사회생활을 하면서 문학을 체계적으로 공부 하거나 가까이하지 못했다. 등단을 안 했으니 꼭 시라고 할 수 없는 낙서일지라도 글쓰기는 손에서 놓지 않았다.
당시에는 인권은 먼 곳의 이야기일 뿐 말과 행동이 대단히 거칠었던 직업(자동차 정비)을 갖고 직장생활을 하면서도 눈에 보이거나 귀에 들리는 것들에서 오는 힘든 마음을 스스로 절제하고 정화해 언행을 부드럽게 만드는 데에 시를 쓰는 것이 큰 도움이 되었다.

문인의 길을 가게 된 것은 또 다른 아픈 계기가 있었다. 수십 년이 지났지만 지금도 때때로 나를 흔들어 대는 감당하기 어려운 아픔을 당하고 난 뒤부터였다. 1995년 2월 9일 우연히 그 아이와 둘이 아침밥을 먹고 "학교

갔다 오겠습니다." 하고 대문을 나간 당시 고등학교 2학년인 막내아들을 그날 오후 병원 영안실에서 만났다.

하교 때 학교 정문 앞에 있는 횡단보도 위에서 신호를 무시한 버스에 의해 하늘로 떠난 아이는 누나가 둘, 형이 하나 있다.

유난히 다정다감하고 착했던 아이를 보내고 나는 삶의 의미를 잃어버렸다. 당시에는 인구정책으로 산아제한이 한창이었다. 자녀가 4남매라 하면 "아이구야" 하는 사람들도 있었지만 어머님께서 딸 다섯을 낳고 참으로 공을 많이 들여 어려운 나이인 41세에 나를 낳으셨다. 내가 10살 되던 해에 아버님께서 작고하시고 얼마 후 4살이 많은 바로 위 누님이 돌아가셨다. 그 후 출가하신 14세가 많은 누님만 계실 뿐 늘 혼자 외로움 속에서 자랐던 나는 4남매 자녀가 많다는 생각을 해본 적이 없다.

오히려 올망졸망 노는 모습을 보면 마음이 뿌듯했다. 학교를 다녀오면 위로 누나가 둘이 있어도 엄마 힘들다며 부엌에서 설거지하던 아이, 초등학교 1학년 때 학교를 다녀와서 몸살로 직장에 못 나가고 누워있는 아빠를 위해 몸살약과 더운물을 부으면 먹을 수 있는 수프를 사와 작은 상에다 차려주고는 못난 아빠가 볼까 봐 등 뒤에 누워 이불을 뒤집어쓰고 한없이 흐느껴 울던 아이였다.

그 아이를 떠나보낸 날은 유난히도 추웠다. 속내의에 두꺼운 털 스웨터를 입고 가죽점퍼까지 입었는데도 안고 있는 유골함에서 전해오는 온기는 맨몸을 안은 듯 따뜻했다.

그렇게 아들을 잃은 충격은 몇 날 며칠 밤을 영정사진 앞에서 생전에 못 했던 말을 편지로 쓰면서 새웠다. 그 뒤 몇 년간을 아무것도 못 하고 광인처럼 울면서 헤매고 다녔다. 그렇게 세월을 보내다가 조금씩 마음을 가다듬고 중심을 찾았을 때 생각해 보니 나를 쓰러지지 않게 붙잡아 세워준 것이 낙서일지라도 그 아픔을 글로 써서 풀어내고 소리 내어 읽으면서 삭여냈던 덕분이라는 것임을 알게 되었다.

1998년 1월 월간《문학세계》로 등단하고 함량은 많이 모자라지만 시인이라는 이름을 달고 시라는 이름으로 글을 쓰고 시낭송을 하면서 시치유에 대하여 연구와 공부를 거듭하여 건대 평생교육원 삼육대 사회교육원 등에서 강의 하면서 곳곳에서 봉사로서 시가 주는 치유효과를 전하기 위해 노력을 게을리하지 않았다.

돌이켜보면 문학은 나의 운명, 인생을 바꾸어 놓았다. 전에는 비정기적으로 곳곳에서 시치유 봉사를 하다가 2010년 10월에 "한국시낭송치유협회"라는 봉사단체를 만들어 노인복지관 등에서 매주 정기적으로 봉사했다.

2014년 서울시에 비영리 민간단체 제1751호로 등록하여 '코로나19' 사태가 오기 전까지는 매주 10곳에서 10

회씩 연간 430여 회 이상의 시치유 봉사를 했다.

어르신 100여 분이 나오는 영화 '수상한 여자'를 촬영했던 노원구 중계동에 있는 '노원 실버카페'를 비롯하여 주로 정신적으로 힘들게 지내시는 데이케어센터(치매 어르신 주간보호시설)와 정신장애인(조현병) 사회복귀시설 등에서 매일 오전 오후로 봉사했다.

코로나로 중단이 되기 전까지 길게는 12년 동안, 짧은 곳에는 4년여 동안을 함께하다 보니 그분들을 더 많이 이해하게 되었고, 그분들의 아픔이 나의 아픔으로 느껴졌다. 치매를 앓는 어르신이 시를 읽으시며 편안해하고 글을 못 배워서 읽지는 못해도 시를 외우면서 행복해하는 분들이 계셨다.

조현병에 우울증까지 앓던 정신장애인이 마음이 안정되어 취업해서 사회 진출을 하는 분도 있었다. 반드시 극단적인 선택을 하겠다고 하던 분이 생각을 바꾸어 삶의 의지를 불태우며 열심히 살아가는 모습이나 20년 동안 노숙을 했던 분이 시를 읽으면서 "나는 시를 읽으면서 인생이 달라졌다." "나는 20년 만에 일을 시작했다."고 하며 좋아하는 모습을 보며 함께 눈물을 흘렸던 감동적인 시간도 있었기에 참으로 행복했다.

휠체어를 타는 어르신 한 분은 다른 사람과의 다툼에

서 당신의 신체장애를 들먹이며 심하게 모욕을 준 사람을 반드시 해치겠다고 휠체어에 흉기를 넣고 다녔는데 관객 앞에 나와 시낭송을 하면서 용서하는 마음이 생겨 흉기를 버렸다면서 눈물을 글썽이며 이런 기회를 만들어 주어 고맙다고 인사를 하셨다.

93세가 되신 어르신은 무대에 올라 시낭송을 하실 것을 청했지만 안 해봤다며 사양했으나 손을 잡고 무대 위로 올라와 반강제로 시낭송을 하시게 했는데 매우 좋아하시고 다음부터는 자연스럽게 올라와서 시낭송을 하시더니 언제부턴가 직접 글을 써와서 읽으시다가 2025년 시집을 출간하셨다.

서울의 25개 구마다 구 단위로 보건소 소속인 '치매안심센터'가 있다. 나의 거주지 도봉구치매안심센터에서는 2012년부터 2017년까지 시치유 봉사를 했는데 2014년에 시치유를 "비약물 치매치료방법"으로 선정하기도 했다.

그곳에 나오시는 어르신 중에 수전증을 심하게 앓던 80대 어르신은 10여 명이 앉아있는 앞으로 나와 무대에서 시를 읽으며 처음에는 손은 물론 다리까지 떨려 못 하겠다며 주저앉았는데 횟수가 거듭되면서 편안하게 읽게 되었다. 그리곤 "나는 시를 읽으면서 사람이 되었다."라고 하셨다.

다른 한 분은 "예전에는 막살아 온 것 같은데 시를 읽고부터 사는 것이 조심스럽다." "예전에는 길을 갈 때면 목적지만 생각하고 옆도 안 돌아보았는데 이제는 길옆에 있는 풀 한 포기 돌멩이 하나가 예사로 안 보여 말을 걸어보고 싶다." 하신다. 갑자기 남편과 사별하신 어느 어르신은 초기 치매에다 우울증까지 걸렸는데 시를 읽으며 치유되고 30여 편의 시를 외우신다.

지나온 날들을 돌아보면 참 과분한 삶이다 싶다. 많이 부족한데도 불구하고 많은 허물을 덮어주고 배려해 주신 분들 덕분에 우리나라 문단을 대표하는 사)한국문인협회 문학치유위원장을 맡기도 했다. 강동, 도봉 지부에서는 이사직을 종로 지부에서는 자문위원직을 맡았으며 계간《현대 시선》에서는 고문직을 주시어 대단히 고맙지만 제대로 활동 못 해서 송구스럽기도 하다.

그동안 3,000여 회의 시치유 봉사와 1,335회의 주례, 몇십 명에서 몇천 명의 군중 앞에서 1천여 회의 행사를 진행하면서 얻어진 행복을 조금이라도 돌려드리고 싶어 하늘나라에 간 아들아이 안구를 기증했던 것처럼 나의 뇌사 시 안구, 장기, 인체조직 기증과 연명치료 거부, 사후 시신 기증 등을 등록해두었다.
덕분에 언제나 최선을 다해서 살아갈 뿐 언제 어디서 어떻게 마지막을 맞든 거기에 대한 불안이나 걱정이 없다. 오직 볼품없이 살아온 몸이지만 말미에라도 어딘가 꼭 필요한 사람의 생명을 구하는 일에 써지기를 간절히 바란다.

  내가 쓴 시가 누군가의 마음에 조금이라도 편안함을 안겨줄 수 있기를 바라는 마음과 함께….

※저의 유고를 접하시면 원하는 바가 꼭 이루어질 수 있도록 도와주실 것을 부탁드립니다.
● 연명치료 거부: 1855-0075.(국민건강보험공단)
● 각막. 장기. 인체조직기증: 02-734-8050.(생명 나눔 실천본부)
● 시신 기증: 주간02-740-8213. 야간02-740-8100. (서울대학교 의과대학)

성명: 도경원
주소: 서울 도봉구 도봉로169길 81(202호)
전화: 010-2692-5103

등불 앞에서

1판1쇄 : 2025년 8월 8일

지은이 : 도경원
펴낸이 : 김정현
펴낸곳 : 도서출판 Gaon

주　소 : 유네스코문학창의도시 부천시 길주로 460, 1106호
전　화 : 032-342-7164
팩　스 : 032-344-7164
E-mail : kjsh2007@hanmail.net /906kjh@naver.com

ⓒ 도경원 Printed in Korea

출판등록 : 2011. 7. 14
ISBN : 979-11-7535-000-7(03810)
값 · 12,000원

무단 전재와 복제를 금합니다.
도서출판 가온은 농인聾人과 함께합니다.
잘못된 책은 본사나 서점에서 교환해드립니다.

* 사)한국예술인복지재단 지원으로 출간하였습니다.